JN088540

気もちの ミカタ

エモーショナル・リテラシーが 身につく**35**のワーク

八巻香織 [著]　ナムーラミチヨ [イラスト]

合同出版

この本を読まれる
みなさんへ

この本は世界中のだれもが持っている「気もち」の本です。

　これまで相談事業を通じて、10代から大人までが日常で抱く行き場のない気もちをきいたり、読んだりしてきたわたしは、全国各地で気もちについての出前ワークショップをしてきました。目に見えない「気もち」を学ぶためにつくったカードや人形やペープサート（紙フィギュア）をカバンに入れて、湖のほとりの学校、山の中の学校、街の中の学校、海を望む島の学校……へ行きました。そこで出会った子どもたち、先生、ご家族との楽しいやりとりは今でもこころに浮かびます。

　自分の「気もち」を認め、受け入れ、伝えるということは、自分の代わりにほかのだれかがやってくれるわけではありません。だからこそ、子どもも大人も悩みますが、子どもの悩みも大人の悩みもその重さにちがいはありません。

　気もちとの付き合い方を学ぶには、まわりにいる人と一緒に、五感で感じたことを書いたり、描いたり、話したり、きいたり、演じたりすることが助けになります。

　人と一緒に学ぶと自分ひとりではわからなかったことがわかり、新しい見方を発見します。その発見を"味方"にすることで、自分の気もちや相手の気もちが理解できるのです。

　どうぞこの本を使って、あなたの気もちの"味方"を見つけてください。

八巻香織

目　次

気もちの ミカタ

エモーショナル・リテラシーが身につく35のワーク

　この本にはあなたの気もちを書き込んでほしいページがいくつもありますが、きっとスペースが足りないと思います。

　どうか、別の用紙やノートを用意して、あなたの気もちを好きなだけ表現してみてください。

　問いかけへの答えは、あなただけの大切なものです。正しい、正しくないということは、まったくありません。

第 **1** 章

自分の気もちと仲良くなろう

① 自分の気もちは自分にしかわからない

　学校では、毎日新しいことを勉強する。ネットでは、遠い国のこと、知らなかった人の知らなかった話、新しい情報が入ってくる。その情報を頭の中で整理して収めることが追いつかなくなるほどだ。

　ところで、昨夜は夢を見た？　どんな夢だった？
　目覚めて、最初に目に映ったものはなんだった？
　そのとき、どんな音がきこえた？
　どんなにおいがした？
　最初に手にしたものはなに？
　学校に行くまでのあいだ、なにを考えていた？

　その答えは、すべて自分にしかわからない。自分だけが知っていること。
　家族もまわりの人も、その答えを知らない。
　だれかが教えてくれるわけじゃなく、ネットで検索もできない。

　あなたが見たこと、きいたこと、味わったこと、かいだこと、ふれたこと、感じたこと、思ったこと、発見したこと。
　それはあなただけが知っていること。
　それは、あなたのかけがえのない一部なんだ。

　自分しか知らないことを自分に問いかけて、自分の声をきくことは、自分とおしゃべりしていること。頭の中だけでも、自分とおしゃべりできるけれど、書いて読み返せば、いつでも自分の声をきくことができる。

　すぐに書けないことがあっても OK。それは「わからないということがわかった」という大発見だ！

Let's Try! やってみよう！

自分にインタビュー

紙やノートに書いてみよう。

あなたの好きなものはなに？

あなたは、あなたのどんなところが好き？

今までで一番居心地がよかった場所はどこ？

そこにいるとき、どんな感じがした？

一緒にいて安心する人はだれ？

その人が言ったこと、してくれたことでうれしかったことは？

2 こころの窓を開く

　こころの窓には、内側に開く窓と外側に開く窓がある。この2つの窓を組み合わせて、こころの窓の状態は「自由」「秘密」「盲点」「未知」の4通りある。

　例えば、内側の窓をオープンにして「今朝の朝食は、どんな味だった？」と自分にきいてみる。

　「お気に入りのパンは、おいしかったよ」と自分とおしゃべりする。

　登校途中の友だちに「おはよう」とあいさつした後で、「きのうやったゲームはおもしろかったよ」と話しかけてみる。そんなときは、外側の窓と内側の窓をオープンにしている。2つの窓が開いているときのこころは、「自由」だ。

　きのう、家族とケンカしたことを思い出したけれど、外側の窓を閉めて、友だちには話さず「秘密」にしておくことにした。

　けっこう落ち込んでいたので、内側の窓を閉めて平気なふりをしていたけれど、外側の窓が開いていれば、友だちは〈あれ？　なんか元気ないなぁ〉と気づくかもしれない。そう、自分の表情だって、自分の背中だって、自分では見えていないけど、だれかに言われて初めて気がつく「盲点」がある。

　さらに、自分にも友だちにもわからない「未知」という状態がある。友だちと話したり、遊んだりしながら、お互いを理解していく。

　そうやって窓を開けたり、閉めたりしながら、気もちのやりとりをする。それをコミュニケーションというんだ。

Communication

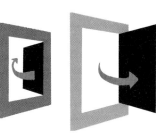

内側の窓は
内側に開く

外側の窓は
外側に開く

内側の窓　　外側の窓

「自由の窓」　「秘密の窓」　「盲点の窓」　「未知の窓」

内側も外側も
開いている。

内側だけ
開いている。

外側だけ開い
ている。

内側も外側も
閉めている。

　「自由の窓」は、自分にも相手にも開いている状態。風通しがよくて、気もちが出入りできる。

　「秘密の窓」は、自分はわかっているけれど、相手には見えていない状態。楽しい秘密はワクワクするけれど、隠さなければならない秘密はこころを重くする。

　「盲点の窓」は、まわりの人は気づいていても、自分では気づかない状態。

　「未知の窓」は、自分にも相手にもわからない状態。

　「自由の窓」がなくなると、あなたのこころは苦しくなる。そんなときには、安心できる場所で秘密にしていたことを打ち明けたり、書くことで自分と話してみよう。そうやって、内側の窓と外側の窓が開いていくと、「自由の窓」は少しずつ広がって、こころはラクになっていく。

③ 気もちは大切なわたしの一部

　だれかと仲良くしようとするときは、まず内側の窓を開けて、自分の気もちを眺めてみよう。そして、外側の窓を少し開けて、気もちを言葉にして伝えてみよう。

　あなたがこころの窓を開けると、相手もこころの窓を開けやすくなる。

　気もちを伝えるからこころの窓が開くのか、こころの窓を開けるから気もちが届けられるのか。ニワトリが先か卵が先か、のようだ。

　気もちのやりとりは、まずはやさしくポーンと相手に投げてみる。そして、相手から返ってきたボールをキャッチする。

　自分のこころとキャッチボールするときも同じ。内側の窓を開けて、まずは自分に問いかけのボールを投げて、返ってきたボールをキャッチして、自分自身とおしゃべりする。

　〈そんなこと感じちゃダメ！〉〈そんな気もちはわがまま！〉

　そんなふうに、自分の気もちをジャッジしなくても大丈夫。

　どんな気もちも、まずは認めてあげよう。

　認めるというのは、必ずしもその気もちを好きになるということではない。一度認めたら、変えられないということでもない。

　どんな気もちもまずは、認めることで、その気もちとどうやって付き合っていくか、落ち着いて考えることができる。

　右のページには、今日感じたものを書き込むスペースがある。感じたものを続けて読むと、五行の詩「今日のわたし」になるよ。書き込んだら自分の詩と友だちの詩と、読み合って味わってみよう。

　そして書いたことについて、さらにくわしくだれかに話してみよう。

　そのとき、こころの窓は内側も外側も開いている。

　五感は、あなたの大切なアンテナだ。

こころの窓を開けて、
感じたものを書いてみよう。

「今日のわたし」

 今日、手でふれたもの

 今日、目で見たもの

 今日、耳できいたこと

 今日、かいだにおい

 今日、舌で味わったもの

わたしの気もちは、わたしの五感でできている。

4 気もちは重さを持っている

　目に見えないけれど、温かくなったり、冷たくなったり、軽くなったり、重くなったりするものなに？

　それは、気もち。

　温かくなるとからだは活動的になるし、冷たくなるとからだは縮こまったり固まったりする。

　軽くなると羽が生えたみたいにラクになるし、重くなると足を前に踏み出すことがつらくなる。

　こころとからだは、つながっている。

　気もちは見えないのに、確かに存在する。

　温かくなったり、軽くなる感じを「ポジティブ」な気もちと呼ぶ。

　冷たくなったり、重くなる感じは「ネガティブ」な気もちと呼ぶ。

　それは、正しいかまちがいか、ではない。

　どんな気もちも、いいも悪いもない。正しいもまちがいもない。

　どんな気もちも、自分を大切に守ってくれる味方だ。

　どんな気もちも、人と付き合うために大切な役割を持っている。

　あなたが緊張したりからだが重くなるときのことを思い出してみよう。

　それは、どんな色で表せるかな？

　あなたが安心していられる場所を思い浮かべてみよう。

　そこは、どんな色で表せるかな？

　気もちにもいろいろな色があるよ。薄かったり、濃かったり、混ざり合ったり、いろんな色が表れるね。

Let's Try! やってみよう！

気もちのパレット

あなたが思った気もちの色で、自由に塗ったり描いたりしてみよう。

あなたが緊張したりからだが重くなるときのことを思い出してみよう。それは、どんな色や線やカタチで表せるかな？

ハートに色を塗ってみよう！　　　　　自由に描いてみよう！

あなたが安心していられる場所を思い浮かべてみよう。そこは、どんな色や線やカタチで表せるかな？

家に色を塗ってみよう！　　　　　自由に描いてみよう！

5 気もちはフレッシュなもの

気もちは空の雲のように、動いている。
どんよりした曇り空が一日続くとしても、いつかは晴れる。
しばらく雨の日が続くとしても、いつまでも降り続くことはない。
太陽が昇っても、夜はやってくる。月や星が出て、また夜は明ける。

晴れない気もちも、ずっとこころの中にいすわっているわけじゃない。
だけど、無視すると「気づいてくれ」と追いかけてくるかもしれない。
見ないふりをしたら、しがみついてくるかもしれない。
いつの間にか、その気もちに支配されているかもしれない。
落ち着いて、ちょっと深呼吸。スーハー。
どんな気もちもわたしの一部。そう思えたら、あなたは自分の気もちの主人公になれる。
気もちに振り回されたり、追い立てられたり、コントロールされたりすることはない。だれに話すか、どう話すか、話さずにこころの中にしまうか、自分の気もちをどうするのかは、自分で選んで決められる。
思い出したくなかった気もちも、しばらくたてば言葉にできる。

いつ、どこで、だれが、なにをした。
そのとき、自分はどんな表情をしていたかな？　思い浮かべて、書いてみよう。そして、そのときは言葉に出せなかったこころのセリフを、ふき出しの中に書いてみよう。

落ち着いて、ちょっと深呼吸。スーハー。
気もちを手のひらに浮かべるようにして、眺めてみよう。

Let's Try! やってみよう！

ある日のわたし

落ち着いて、深呼吸をして、自分の気もちの主人公になって、思い出したことを書いてみよう。

いつ

どこで

だれが

なにをした

そのとき、自分はどんな表情をしていたかな？

そのときは言葉に出せなかったこころのセリフを、ふき出しの中に書いてみよう。

6 気もちをため込むとどうなる？

　ネガティブな気もちは、気づかずに閉じ込めていると、お腹が痛くなったり、頭が痛くなったりする。からだが SOS を発信する。

　それでもため込んでいると、その気もちは出口を求めて暴れ出し、イライラしたりムカムカしたり、ついにはキレて爆発することもある。

　爆発すると困るからと、さらにため込んでいると、気もち自体がくさってしまうことがある。

　気もちは、生クリームやお刺身のように新鮮なものだ。

　くさった気もちは「うらみ」になる。

　考えたくないのにそのことで頭がいっぱいになったり、こころがワサワサ、モヤモヤしたりするときには、自分の気もちに耳を傾けて手あてしてあげよう。

　日記や手紙などを書いたり、漫画や絵を描いたり、歌を歌ったり、ダンスを踊ったり、楽器を演奏したり、好きなスポーツでからだを動かしたり、からだで表現することによって自分で自分の気もちを手あてすることができる。

　安心できる場所で、気もちの手あてをしてみよう。

　あなたが気もちをためたときのことを思い出してみよう。気もちはどこに表れていたかな？　どんなふうに表れたかな？　色や絵で表現して、その気もちに名前をつけてあげよう。

　言葉に表せない気もちは、からだからのメッセージで表れることもあるよ。からだは、気もちの正直な友だちだ。

Let's Try! やってみよう！

からだは正直

あなたが気もちをためた
ときのことを思い出して
みよう。

気もちはどこに表れていたかな？
どんなふうに表れたかな？
色や絵で表現して、気もちに名前をつけてあげよう。

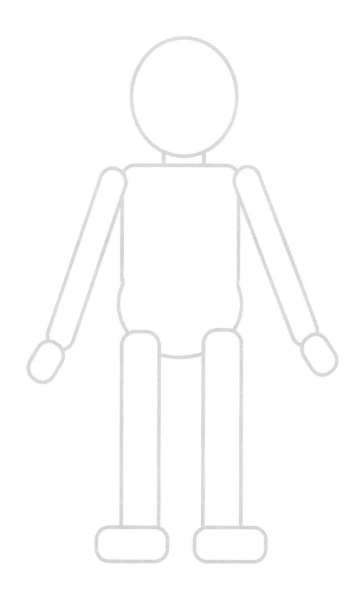

7　こころのメガネ

　気もちは自分自身だから、見ないふりをしたり、切り捨てようとしたりすると、自分自身を無視することになる。するとイライラ、ムカムカ、モヤモヤ、イヤな気分がふくらむ。

　「自分は価値がない」「自分は足りない」「本心を見せていけない」……。そうやって【ないないメガネ】というこころのメガネをかけて世界を見ていると、イヤな気分はさらにふくらむ。

　　かけるとイヤな気分になる【ないないメガネ】。
　　どんなレンズかな？
　　人と自分を比べるレンズ？
　　自分が小さく見えるレンズ？
　　うまくいかなかったことばかり見えるレンズ？
　　友だちがバラ色に見えるレンズ？
　　世界が真っ暗闇に見えるレンズ？

　それがどんなレンズでも、イヤな気分がふくらんでイライラ、ムカムカするときには、そのメガネに気づいてあげて。
　【ないないメガネ】は、外すこともできるよ。外さなくても、どんなレンズなのかに気がつけばOK！

　最近、イライラしたりモヤモヤしたり、落ち込んだときのことを思い出してみよう。

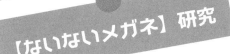

Let's Try! やってみよう！

【ないないメガネ】研究

イライラ、モヤモヤ、落ち込んだときのことを思い出してみよう。

こころのメガネ

【落ち込んだときのこと】

そのとき、どんなこころのメガネをかけていた？

それは、どんなレンズだった？

【あなたのこころのメガネの研究をしてみよう】

名前をつけてみよう。

（　　　　　　　　　　　　　）メガネ

そのレンズは、どんなふうに世界が見える？

それをかけるのはどんなとき？

それをかけていると、どんな気分になる？

8 こころのシールド

　友だちや家族とケンカしたとき、うまく気もちが伝えられないときなど、こころがモヤモヤ、イライラする。そんなときは、イヤな気分になるよね。そのイヤな気分にこころが支配されたままだと、カーッとなって、思ってもいないことを言ったりやったりする。
　あらら、ますますイヤな気分の悪循環だ。

　本当は相手に認められたくて、よく思われたくて、強がったり、できるのにできないふりをしたり、気がつくと本当の気もちを見せない「シールド」がこころのまわりにできている。
　弱虫って思われないよう、わがままと言われないよう、心配かけないようシールドで守っているうちに、自分の気もちがわからなくなってしまう。
　シールドをつけたままだと、つらい、疲れた、苦しい……ありのままの気もちを伝えられなくなる。
　そして、相手の気もちもそのシールドが跳ね返してしまう。
　いつの間にか、たくさんのシールドが重なって、気がつくとそれは「ウォール（壁）」になっている！
　ウォールができると、気もちのやりとりができなくなってひとりぼっちになる。

　こころが深く傷ついたとき、ちょっとほほえんでその場を離れる。とても緊張したとき、なんでもないふりをすることもある。そうやって自分を守るためにこころにシールドをつけることがある。
　でも、シールドをそのままつけっぱなしにしていると、それはウォールになって、まわりの人との気もちのやりとりができなくなり、こころもからだも重くなる。
　そんなときは、気もちを言葉にしてに味方にしていこう。

Let's Try! やってみよう！

わたしのシールド

なにも話したくない、みんなにはわからないと思ったときのことを書いてみよう。

こころにシールドをつけたのは、どんなときだった？

そのあと、どんな感じがした？

そのときのことをくわしく書いたり話したりしてみよう。

シールドをつけていると、どんな気分になる？

そのシールドがとれるのは、どんなとき？

たくさんの「シールド」が重なると、それは「ウォール（壁）」になる！

9 気もちがつくるもの

気もちは目に見えないけれど、いつも自分と一緒にいる。
気もちは、自分が幸せになる道を一緒に考えてくれる。

どんな気もちもそのまま感じられることで、こころは健康でいられる。

だれかと仲良くなりたいと思ったら、こころの窓を少し開けて、気もちを
伝えてみる。
離れ過ぎたなと思ったら、近づいてみる。
近づき過ぎたなと思ったら、離れてみる。

そうやって、こころの窓を開けたり閉めたり、相手に近づいたり離れたり
すると、ほどよい距離が生まれるよ。
それは、お互いを大切にできる「ほどよい距離」だ。

仲良くなることは、近づくだけじゃない。ちょっと離れたり、また近づい
たり、自由な距離が生まれることだ。

あなたが友だちや家族といて、つらくなったときのことを思い出してみよ
う。
伝えられなかった気もちがあるときは、こころのウォールになって
いないかな？
認めた気もちは、少しずつ言葉に出すことができる。すると、ウォー
ルはほどけていく。

Let's Try! やってみよう！

こじれたときのこと

あなたが友だちや家族といて、つらくなったときのことを思い出してみよう。

相手はだれ？

その人のどんなところが好き？

その人は、あなたのどんなところを認めてくれたと思う？

その人といて、つらくなったのはいつ？

きっかけがあったかな？

そのとき、あなたが伝えられなかった気もちを書いてみよう。

あなたは、その人とどんなふうに付き合っていきたい？

伝えられなかった気もちがこころのウォールになっていると思うなら、今なら言えることを正直に書いてみよう。

10 気もちがつくる元気

　気もちは、大切な自分の一部だ。

　気もちを無視したら、自分の一部が小さくなって、元気がなくなる。自分の五感を信じることができなくなる。

　そんなとき、だれかになんとかしてほしいと思っても、こころのウォールに閉じ込められた自分（気もち）を救うのは、なかなかむずかしい。

　だからウォールをほどくために、自分と仲良くなることからはじめよう。

　自分の足りないこと、できないことに目を向けるより、自分の好きなもの、大切にしているもの、自分のいいところに目を向けてみよう。

　すると、こころのウォールが少しずつほどけて、自分を信じていけるようになる。

　気もちと仲良くなると、元気になる。あなたが元気を取り戻すと、気もちともっと仲良くなれる。

　あなたのお気に入りの場所。

　あなたのお気に入りの本、音楽、趣味……。

　あなたの持ち味、特技。

　右ページに書いたことを大切にするとき、あなたはあなた自身を大切にしていることになるよ。そのことで自分や友だちを傷つけないかぎり、あなたは自分と仲良くできるよ。

Let's Try! やってみよう！

元気回復ツール

あなたのお気に入りのもの、
あなたの持ち味を書いてみ
よう。

あなたのお気に入りの場所

あなたのお気に入りの本、音楽、趣味……

あなたの持ち味、特技

第 1 章のまとめ
気もちと付き合う ...

気もちのリテラシー

♥こころの窓を開けて、気もちをやりとりすることをコミュニケーションという。

♥どんな気もちも、いいも悪いも、正しいもまちがいもない。ジャッジしないで認めよう。

♥気もちをどう伝えるか、伝えずにおくか、自分で選んで決められる。

♥気もちはため込むと、出口を求めて暴れる。爆発することもある。

♥気もちは生もの。くさると「うらみ」になる。

♥「ないないメガネ」をかけていると、イライラ、ムカムカ、イヤな気分がふくらむ。

♥傷ついた気もちを見せないように、こころにシールドを重ねると、こころのウォールになって、気もちのやりとりができなくなる。

♥気もちと仲良くなると、元気になる。

第2章

こころの宇宙を旅しよう

12 の感情星

こころの中には、毎日いろんな感情が表れる。

キラキラ光る感情もあれば、雲にかくれて見えにくい感情もある。

流れ星のように一瞬で流れていく感情もあれば、しばらくのあいだとどまっている感情もある。

感情は気もちの芯にあって、シンプルな言葉で表せる。

感情は無視すると暴れたりすねたりするけれど、うまく付き合えたなら、〈どうしたいか〉〈どうしてほしいか〉と自分の欲求を教えてくれて、あなたが幸せになる方法を見つけようとしてくれる、あなたの味方だ。

感情を認めて、受け入れ、分かち合う力「エモーショナル・リテラシー」を身につけるために、こころの宇宙にある 12 の感情星を旅してみよう。

① サビシー

最近、さびしいと感じたのはいつのこと？
どんなことがあった？
そのとき、あなたはどうした？

春になると卒業式や入学式があって、まわりの環境や関係が変わる。
仲良しの友だちと離れたり、家族といる時間が少なくなったりする。
そんなとき、さびしい気もちになるかもしれない。

さびしさを我慢しているとき、あなたはどんな表情をしている？
そのとき、どんなことを考えたり、どんなことをしている？

さびしさは、あなたが新しい友だちをつくったり、新しい世界を求めていくきっかけをくれる。あなたの味方だ。

さびしさに気がつくと、今まで話したことのない友だちに話しかけられるかもしれない。しばらく会っていない友だちにメールするかもしれない。図書室で、おもしろそうなタイトルの本を手に取っているかもしれない。
" サビシー・パワー " で、思いきって一歩を踏み出そう！

Lonely

1

サビシー

★感情：さびしい
★出身：さびし星ロンリー海岸
★特技：サビシー・パワー（人とつな
がる力、新しい世界に出会う力）
★裏キャラ：後ろ向きで
いじける

② フーアン

最近、不安を感じたのはいつ？
どんなことがあった？
そのとき、あなたはどうした？

　不安になったときのことを思い出してみよう。
　不安と期待はつり合っているよ。
　下の大きなバッグの中に、あなたが期待していることを言葉にして書いて
みよう。

　不安が大きくふくらむときは、期待のバッグが重くなっている。
　期待のバッグが重過ぎるときには、無理なく持てる現実的なサイズにして
みよう。不安も無理なく抱えられるサイズになるよ。

Anxious

2

フーアン

★感情：不安

★出身：不安星ドキドキ村

★特技：フーアン・パワー（現実に
向き合う力）

★裏キャラ：期待が大きくなる
ほど、ふくらんで
重くなる

③ オソレー

最近、コワいと感じたのはいつのこと？
どんなことがあった？
そのとき、あなたはどうした？

おそれは、安全と安心をつくるときの味方。
慎重に関わったり、距離をとったり、ときには逃げたり。
おそれを感じたできごと、場所、ニュースに対して、どうしたら自分の中に安全と安心が生まれるのか、自分にできることを書いてみよう。
" オソレー・パワー " は、おそれの奥にあるあなたの願い（どうしたい、どうなりたい）を教えてくれる。

最近、コワいと感じたのはいつ？

どんなことがあった？

そのとき、あなたはどうした？

そのとき、あなたはどうしたい（どうなりたい）と思った？

Scare

3

オソレー

★感情：おそれ
★出身：おそれ星かたくな町
★特技：オソレー・パワー（安全
　　　と安心を守る力）
★裏キャラ：平気なふりをして、
　　　強がり固まる

Safety

④ イカリン

最近、腹が立つ、頭にきたと感じたのはいつ？
どんなことがあった？
そのとき、あなたはどうした？

怒りをおそれる人は多いけれど、怒りがコワいのは、爆発したときとため込んで黙るときだ。怒りは〈事実〉〈感情〉〈欲求〉〈選択肢〉の順に文字にすることで安全に取りのぞくことができる。

"イカリン"の４枚のカードを使って、怒りを書き出してみよう。

イカリンの４枚のカード

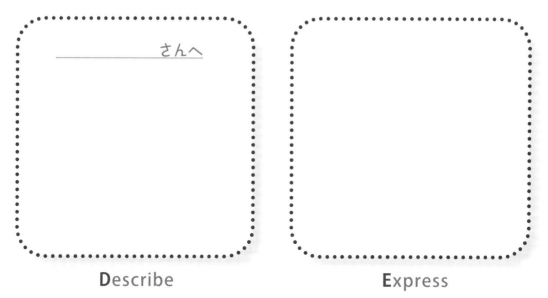

①事実のカード
どんなできごとがあったか、
いつ、どこで、だれが、なにをしたか？
場面を事実として書き出す。

（例えば）○○さんへ　きのう、ケンカしてあなたは黙って帰っちゃったよね。

_____ さんへ

Describe

②感情のカード
どんな感じがした？
そのときの感情に短くシンプルな名前をつけて、つなげよう。

（例えば）イヤだ、困った、くやしい。

Express

4

イカリン

★感情：怒り

★出身：いかり星はみだ市

★特技：イカリン・パワー（自分も
世界もハッピーにするエネルギー）

★裏キャラ：ため込むと外や
内に向けて爆発する

Angry

③欲求のカード

相手にどうしてほしい？
どうしたい？

（例えば）　わたしの気もちをきいてほし
い。あなたの気もちももっと知りたい。

④選択肢のカード

もし③になったら、どう？
もし③にならなかったら、どう？

（例えば）そうしたら仲直りできる。そう
でないと、毎日気まずくて、つらいよ。

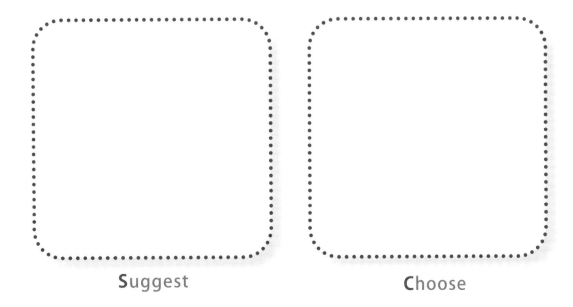

Suggest

Choose

❺ カナシミン

**最近、悲しみを感じたのはいつ？
どんなことがあった？
そのとき、あなたはどうした？**

なにかを失ったとき、悲しみは表れる。失ったものは目に見えるものもあるけれど、目に見えないものもある。

それが大切なものであればあるほど、悲しみは大きくなる。

それが大きいほど、受け入れるのに時間が必要だけど、そのぶんこころは大きく深く、広くなる。

悲しみは、いろんな姿をしている。

それは、悲しみと仲良くなるためのプロセスだ。

途中で留まったままだと苦しいから、嘆いても泣いてもいいよ。

大切なものを失ったときには、涙がこぼれる。

少しずつ、言葉にして話せるようになる。それが悲しみと仲良くなること。

悲しみと仲良くするには、友だちのお見舞いをするように、自分にやさしい言葉をかけてあげよう。

悲しみにしがみつかないで、ときには風船にのせて、空に飛ばしてみよう。

Sad

5

カナシミン

★感情：悲しみ
★出身：悲しみ星ナミダ町
★特技：カナシミン・パワー（こころが広がりやさしくなる力）
★裏キャラ：凍りつくと固く閉じて冷たくなる

わたしが悲しかったのは（　　　　　　　　　　　）のとき。

そのとき、わたしは（　　　　　　　　　　　　　）した。

そのとき、わたしがほしかったのは（　　　　　　）だ。

そのとき、わたしがほしかった言葉は（　　　　　）だ。

⑥ ウレシー

最近、うれしいと感じたのはいつ？
どんなことがあった？
そのとき、あなたはどうした？

　最近うれしかったことを３つ書いてみよう。
　すぐに３つ思いつかなくても大丈夫。思いつかないときは、探してみよう。うれしかったことを探している時間は、自分を大切にしている。ひとりぼっちじゃない。世界とつながっている。
　「うれしい」は、人と人とを結びつけるリボン。友だちやお家の人と仲良くしたいときには、あなたの「うれしい」のリボンと、その人のリボンと結んでみよう。あなたのうれしかったことを話して、その人のうれしかったことをきいてみよう。

> 最近うれしかったことを３つ書いてみよう。
>
> ♡
>
>
> ♡
>
>
> ♡
>
>
> ＊できたら、ここに書いたことをだれかに話してみよう。

Glad

6

ウレシー

★感情：うれしい

★出身：ヨロコビ星ウレシー市

★特技：ウレシー・パワー（分かち合うことで無限大に広がり、人とつながる力）

★裏キャラ：ハメをはずしたり、ときどき悲鳴をあげる

⑦ キンチョウ

最近、緊張を感じたのはいつ？
どんなことがあった？
そのとき、あなたはどうした？

　人前で話すとき、自分の考えを発表するとき、試合のとき、ここ一番で全力を出そうと思うとき、緊張はからだの中から汗や熱や余分な力を外に出して、必要な力を発揮できるように応援してくれる。

　そんなとき、緊張を抑えつけようとすると、がんじがらめで手も足も出せなくなるから、余分な力をほどいて、緊張と仲良くなる呪文をつくろう。

「はひふへほの呪文」編

（は）はは、はっとして
（ひ）ひひ、ひっくりかえって
（ふ）ふふ、ふっとんで
（へ）へへ、へっちゃら
（ほ）ほほ、ほんとだよ

回文（逆さに読んでも同じ文）編

うたうたう
まさかさかさま
いがいやいがい
ダンスはすんだ
よくきくよ

　「はひふへほ」を自分の名前の頭文字にしてもつくれるよ。

　呪文ができたら、リズムにのってラップをしたり、キメのポーズやふりをつけてみよう。

　声に出して呪文をとなえると、思わず笑ってしまうかも。ワハハと笑うと、たくさん空気を吐いて、お腹の中心から余分な力が抜けていく。

　すると、"キンチョウ・パワー"は大事な場面であなたを応援してくれる力になる。

7

キンチョウ

★感情：緊張
★出身：緊張星ドキドキ横町
★特技：キンチョウ・パワー（ここ一番と
いうときにあらわれて、応援してくれる力）
★裏キャラ：真っ赤になったり、震えたり、
アガったり、トイレに行きたくなったり、
お腹がグーッと鳴ったり、頭の中が
真っ白になる

Nervous

HaHa, Hattoshite ..
HiHi, Hikkuri kaette

⑧ ハズカシ

最近、はずかしいと感じたのはいつ？
どんなことがあった？
そのとき、あなたはどうした？

みんなの前で転んだら、はずかしい。
失敗したりまちがえたりしたら、はずかしい。
人前で裸になるのは、はずかしい。
はずかしさは、自分を大切に守って、品位（気高さ）を保つ。

「ありがとう」「ステキだね」「好きだ！」
　ポジティブな気もちを伝えるときにも、ちょっとはずかしいと感じることがあるよね。
　自分のこころを開いて、相手に素直なこころを見せるときは、はずかしい。
　はずかしそうに照れながら、友だちや家族に話すあなたが大好きだ。

だれかにポジティブな気もちを伝えてみよう。

♡　　　　　　　　　　　してくれて、ありがとう。

♡　　　　　　　　　　が、ステキだね！

♡　　　　　　　　　　が、好きだ！

8

ハズカシ

★感情：はずかしい

★出身：はずかし惑星シャイ大通り

★特技：ハズカシ・パワー（自分を
オープンにしたときの品位を保つ力）

★裏キャラ：下を向いて照れて
なにも言えなくなる

Embarrassed

⑨ ツカレー

最近、疲れを感じたのはいつのこと？
どんなことがあった？
そのとき、あなたはどうした？

　疲れたときは、どうしよう？　そう考えているうちに、気がついたら布団に入ってぐっすり寝ていた。それは、とっても健康なことだ。
　眠ることは、こころとからだを休める一番大事なこと。
　眠れないと、疲れがたまってくる。

　疲れと仲良くなるには、眠ること以外の休む行動プランも大切だ。
　休むというのは、なにもしていないことではない。なまけていることでもない。
　ひなたぼっこする、雨の音をきく、犬と散歩する、友だちとおしゃべりする、お菓子をつくる、本を読む、歌を歌う、絵を描く……。
　どれもみんな「休むこと」だ。疲れを感じたら、遊ぼう。

休むことの To do list をつくってみよう。

1	6
2	7
3	8
4	9
5	10

Tired

9

ツカレー

★感情：疲れ

★出身：疲れ星グッタリ島

★特技：ツカレー・パワー（自分がムリをしていることを教えてくれる。休むタイミングを知らせてくれる）

★裏キャラ：ヘトヘトになって、こころのエネルギーがダウンする

 **ノー**

最近、NO（ノー）と感じたのはいつ？
どんなことがあった？
そのとき、あなたはどうした？

「NO（ノー）」と仲良くなると、なにが YES（イエス）か見えてくる。

　下のカードに NO だと思うことを書いて、そのとなりに YES だと思うことを書いてみよう。

　友だちや家族と、NO と YES がぶつかり合うときもある。

　それは、一人ひとり、ちがうということ。

　言葉にして話すと、ちがいが見えてくる。

　仲良くなることは、同じになることじゃない。

　どちらかに合わせなければならないわけじゃない。

　" NO・パワー " は、話し合いながら折り合うことを知っている。

わたしが **NO** だと
思うことは

わたしが **YES** だと
思うことは

10
ノー

★感情：いや
★出身：NO流星おことわり村
★特技：NO・パワー（ちがいを認め、
　ほどよい距離をつくる力）
★裏キャラ：つっぱねたり、ねじれ
　たり、すねたりする

⑪ スッキー

最近、好きと感じたのはいつのこと？
どんなことがあった？
そのとき、あなたはどうした？

　どんなものを好きになるか？　だれを好きになるか？

　好きなものって、みんなそれぞれちがう。好きなものには近づきたくなるけれど、同じものを好きになればだれかと仲良くなれるわけじゃない。

　それぞれの好きなものを大切にしたいな。同じでもちがっていても、好きなものは好きって伝えたい。そうやって仲良くしよう。

　だけど、好きなものは自分のこころの中だけにしまっておきたいこともある。

　こころは外に開こうとするばかりじゃなくて、ときには閉じることもできる。

　大好きなものほど、こころの窓を開けたり閉めたり、いろんな伝え方を楽しみたい。

わたしが好きなもの（こと）は

わたしが好きな人は

52

Love
Like

11
スッキー

★感情：好き

★出身：スキスキ星お気に入り駅前

★特技：スッキー・パワー（近づいたり、
　　　関わっていく力）

★裏キャラ：くっつき過ぎて
　　　見さかいがなくなる

⑫ タノシー

**最近、楽しいと感じたのはいつのこと？
どんなことがあった？
そのとき、あなたはどうした？**

　楽しいことは、人を笑顔にするけれど、笑うから楽しくなることもある。
　楽しむことは、つらいときや苦しいとき、疲れたとき、さびしいときに、
こころとからだをラクにしてくれる。

　楽しみ、喜びの木を描いてみよう。
　"タノシー・パワー"で、
この木を育てていこう。

> 楽しみ、喜びの木を描いてみよう。

どんな枝？
どんな葉？
どんな花？
どんな実？
根っこにはなにがある？
この木が育つために、必要なものはなにかな？
自分を信頼する根っこが育って、自分を支えてくれる。

12

タノシー

★感情：楽しい

★出身：タノシー遊星ラクラク山

★特技：タノシー・パワー（ストレスをやわ
らげて、気もちをラクに解放してくれる力）

★裏キャラ：ひとりじめしようとして、
うしろめたくなる

Joyful

GAME

Let's Try! やってみよう！

♥お気に入りの歌チャンネル♪ みんなで DJ ゲーム！

song

さあ！ このゲームで遊んだら、
どんなことがわかるかな？

キー局・DJ は順番に交代　　DJ 以外はリスナー

①　　②　　③

用意するもの　①キー局を空箱などで 1 つつくる。②全員、曲名リストを書く紙を用意する。③全員、自分のチャンネル名を用意する（2 名以上で遊べるゲームです。人数が多くなるときは、数人ずつのグループをつくりましょう）。

START

1　「春夏秋冬」「食べもの」「動物」「恋」……など、曲選びのテーマを 1 つ決める。テーマが決まったら、全員、自分の好きな曲を 10 曲、紙に書く。ジャンケンで勝った人が、最初のキー局の DJ になる。

ハロー FM こころです。
ステキな音楽をお届けします。

2　DJ は、自己紹介の後で、自分が書いたリストから 1 曲選んで歌う。

このゲームは競うのではなく、ちがいを楽しむゲーム

好きなものは、みんなそれぞれちがう。
仲良くなることは、同じものを好きになることじゃない。
みんなが同じになることじゃない。
それぞれの好きなものを大切に思えたら、同じものを好きにならなくても、
仲良くなれるよ。
ゲームが終わったら、気がついたことをひとりずつ話してみよう。

リスナーは、自分が書いたリストの中に、DJ
が歌ったのと同じ曲があったら、その曲名を
消す。

歌い終わったキー局のDJは、
次のDJを指名する。

次はDJ○○です。

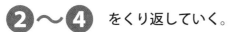 をくり返していく。

次々とDJが歌って、自分のリストか
ら曲がなくなったら終わり。

終わり〜！

やった！
まだ、3曲残ってる！

へ〜、知らなかった！
最後まで残った
人が勝ちか！

最後まで残ったDJは、
残った曲を発表して終了。

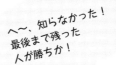

第 2 章のまとめ

エモーショナル・リテラシー

気もちのリテラシー

♥感情は気もちの芯にあって、シンプルな言葉で表せる。

♥感情を無視すると暴れたりすねたりするけれど、感情は
<どうしたいか><どうしてほしいか>と自分の欲求を教
えてくれる。

♥感情を認めて、受け入れて、分かち合う力をエモーショ
ナル・リテラシーと呼ぶ。

♥同時にいろんな感情が湧くときには、そのまま並べてシ
ンプルにつなげて表現しよう。

♥こころの宇宙は果てしなく広い。内側のこころの窓を開
けて観察したら、新発見があるかもしれない。

第3章

気もちを伝える4つのステップ

♪♪♪♪

コミュニケーションはダンス

ギャオス
Aggressive

オドオド
Passive

第1章で気もちの付き合い方を知り、第2章でこころの宇宙の12の感情星を旅したあなたと、この第3章では気もちの伝え方を学んでいこう。

気もちは変わらなくても、気もちをどう伝えるかで相手との関係は変わるよ。つまり、気もちの伝え方が人と人のコミュニケーションをつくっているんだ。

第3章では、人と人とのコミュニケーションをダンスに例えて、さらに伝え方をダンスのステップに例えて説明するよ。

ステップが変われば、ダンスは変わる。このダンス（コミュニケーション）が〈つらいな〉と思うときには、ステップ（伝え方）を変えればいい。

まずは、3つのキャラクターを紹介しよう。ギャオス、オドオド、ムッツリだ。

①ギャオスのステップで踊ると、自分が上に立って、相手を力づくで押さえつけるダンスになる。

②オドオドのステップで踊ると、自分の気もちをのみ込んで小さくなって、相手に従うダンスになる。

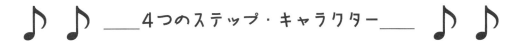

♪ ♪ ＿＿4つのステップ・キャラクター＿＿ ♪ ♪

ムッツリ
Passive-aggressive

アサーティブ
Assertive

　③ムッツリのステップで踊ると、相手を正しさで追いつめてコントロールするダンスになる。

　ギャオス、オドオド、ムッツリをよく観察してみてほしい。それぞれちがいがあるけれど、共通の特徴がある。

　そう、この3つのキャラクターは、気もちを見せない着ぐるみをつけているね。この着ぐるみは、第1章で学んだ「こころのシールド」だ。「ウォール（壁）」になっていることもある。だから、ときどきダンスが止まったり、相手に近づけなくなったり、足がもつれて転んでしまうこともある。

　そんなときに、着ぐるみをぬいだ4つ目のキャラクター、アサーティブ（気もちをスッキリ伝える自己表現）が登場する。

　④アサーティブのステップで踊ると、自分の気もちを正直に伝えて、相手の気もちにも耳を澄ませることができるダンスになる。

　あなたは、どんなダンスを踊りたい？

① ギャオスのステップで踊ると……
強がりコミュニケーションになる

　ギャオスは、自分の言いぶんを一方的にぶつけて、攻撃的なステップで踊る。

　〈勝つか、負けるか〉〈自分の言い分が通れば成功〉と考えて、常にファイティングポーズをとる。

　相手との関係が上か下か、勝ちか負けかを競うパワーゲームになる。

　ギャオスは、強いふりをした着ぐるみをつけている。

　大きな声で相手にプレッシャーをかけたり、【あなたメッセージ】を使って、相手より上に立とうとする。

　相手に気もちをぶつけたり、投げつけたりする。

【あなたメッセージ】
「あなたは」なに考えてるんだよ！
「あなたは」どうしてそうなの！
「あなたは」いつもそうでしょ！
「あなたは」ひどいよ！

　【あなたメッセージ】は言いたいことを言っているようだけど、相手のせいにしているだけで、実は自分の気もちは伝えていない。自分の気もちを伝えるには、着ぐるみをぬいで【わたしメッセージ】を使おう。

【わたしメッセージ】
「わたしは」こう感じる。
「わたしは」こうしてほしい。
「わたしは」こうしたい。

　ほら、アサーティブ（気もちをスッキリ伝える自己表現）になった！

___コミュニケーションはダンス___

ギャオス
Aggressive

【あなたメッセージ】の例

ドキドキ
ムカムカ

あなたは**なに考えてるんだ！**
あなたは**どうしてそうなの！**
あなたって**いつもそうでしょ！**
あなたは**ひどいよ！**

ガンガン
ビシバシ

【わたしメッセージ】の例

わたしは**困ってる。**
わたしは**その考えがわからない。**
わたしに**正直に言ってほしい。**
わたしは**落ちついて伝えたいん**
だよ。

② オドオドのステップで踊ると……
弱いふりコミュニケーションになる

オドオドは、言葉をあいまいにし、自分の気もちを見せないようにして、受け身のステップで踊る。

「あの……えーと……」そうやって相手より下に立とうとする。「わたしはいいんだけど……」と、本当に思っていることとちがうことを言ってしまう。

あやまらなくてもいいのに、「すみません」「ごめんなさい」と言っている。

オドオドは弱いふりをする着ぐるみをつけている。意見のちがいでぶつかりそうになると、波風を立てないようにする。相手の様子をうかがって、相手次第のダンスになる。

その結果、相手のいいなりになったり、相手から誤解を受けたり、信じ合えなくなる。

自分の気もちを伝えるには、着ぐるみをぬいで【わたしメッセージ】を使おう。

【わたしメッセージ】
「わたしは」こう感じる。
「わたしは」こうしてほしい。
「わたしは」こうしたい。

ほら、アサーティブになった！

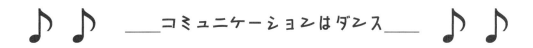

♪ ♪ ＿＿コミュニケーションはダンス＿＿ ♪ ♪

オドオド
Passive

【あなたメッセージ】の例

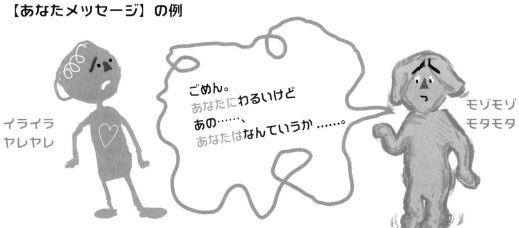

イライラ
ヤレヤレ

ごめん。
あなたにわるいけど
あの……、
あなたはなんていうか……。

モゾモゾ
モタモタ

【わたしメッセージ】の例

わたしは困ってる。
わたしはどう言えばいいか
わからない。
わたしは気持ちを
きいてほしい。
わたしはゆっくり話したい。

③ ムッツリのステップで踊ると……
正しいふりコミュニケーションになる

　ムッツリは、ギャオスのステップのように大きな声ではないけれど、静かな声のトーンで【あなたメッセージ】を使う。

【あなたメッセージ】
「あなたは」なに考えてるのかな……。
「あなたは」どうしてそうなのかな……。
「あなたは」いつもそうだよね……。
「あなたは」ひどいな……。

　気もちを相手の前に落として、「ひろってよ、気づいてよ」とコントロールする。ギャオスとオドオドが合体したような、受け身的な攻撃型のステップで踊る。

　ムッツリは、正しいふりをした着ぐるみをつけている。表面的にはソフトだが、穏やかなトーンの【あなたメッセージ】で相手を思い通りにコントロールしようとするダンスになる。

　自分の気もちを伝えるには【わたしメッセージ】を使おう。

【わたしメッセージ】
「わたしは」こう感じる。
「わたしは」こうしてほしい。
「わたしは」こうしたい。

　ほら、アサーティブになった！

♪ ♪ ＿＿コミュニケーションはダンス＿＿ ♪ ♪

ムッツリ
Passive-aggressive

【あなたメッセージ】の例

タジタジ
ムカムカ

あなたはそれでいいの？
いいかげん、そのくらい
あなたにもわかるよね。
みんなも困ってるよ。

ズケズケ
ヌケヌケ

【わたしメッセージ】の例

わたしは困ってる。
わたしはどうすればいいか
わからない。
わたしはみんなにもよく
考えてほしい。
わたしはみんなとわかり
合いたい。

④ アサーティブのステップで踊ると……
しなやかなコミュニケーションになる

　アサーティブ（Assertive）とは、「自分の気もちをすっきり伝える」という意味だ。それは、自分の気もちを一方的に主張するというわけではなく、相手の気もちを尊重しながら自分の気もちと相手の気もちをやりとりする。お互いのちがいを尊重しながら対話するコミュニケーションだ。

　このアサーティブのステップでは、自分の気もちを正直に伝え、相手の気もちに耳を澄ませることができる。ギャオス、オドオド、ムッツリのステップで踊っていても、着ぐるみに気づいてそれをぬいでハートを回復させて、アサーティブのステップでやり直すことができる。

　相手を変えようとしたり、相手が変わるのを待ったりしなくても、自分がどのようなステップで踊っているかを認めれば、アサーティブのステップを試して、いつもとはちがうダンスを踊ることができるんだ。

　すると、こころのシールドも解けていく。相手とのコミュニケーションが風通しのいいものになる。さらに、こころの自由やこころの健康が生まれてしなやかに変化し、成長していけるんだ。

　こころの窓はオープンになって、気もちのやりとりがしやすくなる。

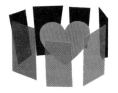

♪ ♪ ＿＿＿コミュニケーションはダンス＿＿＿ ♪ ♪

アサーティブ
Assertive

わたしは**困った**。
わたしは**あなたの気もち**をもっと知りたい。

ウキウキ
ワクワク

わたしは**うれしい**。
わたしは**あなたの話**をもっとききたい。

第 3 章のまとめ
気もちを伝えるアサーティブのステップ

気もちのリテラシー

♥自分の気もちをどう伝えるかによって、相手との関係は変化する。

♥自分の気もちを隠したり、ムリしたり、相手をコントロールしようとしても、気もちは伝わらない。

♥アサーティブのステップは、やり直すときの味方になる。

♥「わたし」を主語にしてシンプルに表現し、相手の気もちにも耳を澄ませたら、アサーティブな気もちのやりとりがはじまる。

♥アサーティブのステップは、自分も相手も尊重し、気もちをやりとりするコミュニケーションの方法。

第4章

気もちを伝えるダンスのレッスン

あるある場面で声優ゲーム

第3章で気もちを伝えるステップを知ったあなたは、今まで知らなかった4つ目のアサーティブのステップを使ってみたくなるかもしれない。

　今までは性格の問題だと思ってあきらめていたことが、それは変えられるステップだとわかったのだから当然だ。

　ただし、いきなり「よしっ！　アサーティブのステップで踊ろう！」と、ついつい力が入り過ぎて、足がもつれたり、転んだり……なんてこともよくある。

　アサーティブのしなやかなステップで踊ろうと思ったら、まずは、いつどんなときに、だれに対してギャオスやオドオドやムッツリの着ぐるみをつけているか、ありのままの自分を認めることからはじめよう。

　認めないものは変えられない。けれど、認めたことは、変えられるんだ。

　ギャオスのステップで自分の気もちを相手にぶつけて、オドオドのステップで自分の気もちを飲み込んで、ムッツリのステップで相手をコントロールしていると気づけたら、自分が使ったステップをそのまま認めてみよう。

ありのままの自分を
認めることからはじめよう！

　認めるというのは、必ずしも好きになることではない。責めたり、ジャッジしたりせず、ただ自分の姿に気づくということ。
　それから、内側のこころの窓を開けて、自分の気もちをきいてみよう。
　そう、今度は自分の気もちを認めるんだ。

　今、どんな感じ？
　本当は、どうしたい？
　どうしてほしい？

　ほら、それだけで、こころの壁となっていた着ぐるみがハラリとほどけていくよ。アサーティブは、着ぐるみをつけないで、自分の気もちも相手の気もちも大切にしていたよね（68 ページ参照）。
　気もちを認めることは、アサーティブのステップでダンスする初めの一歩だ。

声優ゲームの準備をしよう！

　異なる場面で4つのステップを使ってみて、それぞれのキャラクターがどんなセリフを語るのか、実演しよう。

用意するもの

①第3章に登場した4つのキャラクターを描く。色鉛筆、クレヨン、マーカーなど手持ちの画材で色付けしよう。

②それを紙フィギュア（ペープサート）にしたり、紙芝居のようなボードにしたりしよう。

③描く方法はいろいろでいい。手書きだけでなく、CG描画アプリを使ったり、スライドにしたり、アニメにしたり、自分にできる方法であなただけの世界に1つのキャラクターをつくってもいい。

　さあ、オリジナルの4つのキャラクターが完成したら、76ページから紹介する6つの場面の吹き出しの中に、お芝居のシナリオのように、セリフを考えて書き込んでみよう。

　そして、声優になりきって声に出してみよう。

　ひとりでやってもいいけれど、だれかと一緒にやったり、グループでやったりするとより楽しいし、学びも深まる。

　ここでは、だれかが先生ではなく、みんなで教え合って、学び合うステージだ。観る人は演じる人の言葉に耳を澄ませて、それぞれどんな感じがしたかを話してみよう。そのときには、「よかったところ」と「よりよく変えられるところ」を見つけて伝えるといいよ。それは、演じた人にとって自分ひ

★ 4つのキャラクターが言うセリフを書いてみよう。
★友だちと一緒に声優ゲームをやってみよう！

とりでは気づかない「盲点の窓」（11ページ参照）の状態になる。だから、
演じた人はそれを贈りものだと思って、こころの窓を開けて受け取ろう。

　そして、「ありがとう。そう言われると……うれしいな、はずかしいな、
困ったな、照れちゃうな」と、感じた気もちを素直にポーンとボールを投げ
るように相手に返してみよう。

　それもアサーティブのステップの練習だ。

　こうして演じて、観て、きいて、感じたことを分かち合って……それを何
度かくり返してみるといい。表現には、一人ひとりのちがいはあっても、ま
ちがいというものはないから、自由に試してみよう。

　いつもはあまりやらない、なじみのないキャラクターほど思いきって演じ
てみよう。いろいろな声のトーン、声質、声量を試して、仕草、アクション
もつけて、それぞれのステップのちがいを楽しんでね。

　それでは、次のページから「声優ゲーム」のはじまり、はじまり！

あるある場面で声優ゲーム❶

　友だちを「誘うとき」の場面を想定してみよう。ギャオス、オドオド、ムッツリ、アサーティブ、4つのキャラクターのセリフは、例えば下のような感じだ。

　まずはキャラクターになりきって、声に出して演じてみよう！

誘うとき [★例：遊びに誘う場面]

> 今日、これが終わったら、公園に来いよ。いいな！

強がりの
ギャオス

> あの〜……、
> 今日、ひま？
> 時間ある？
> 忙しいよね……。

弱いふりをする
オドオド

> この前、付き合ったよね。
> 今日、このあと、
> わかってるよね。

正しいふりの
ムッツリ

> ○○ちゃん、
> 今日、このあと、
> 一緒に遊びたいな。

シンプルな
アサーティブ

　まず相手の名前を呼んで、それから誘ったり、自分の思いを伝えたり、自分がしたいことやしてほしい気もちをシンプルに伝える。それは、相手と友だちになる初めの一歩だ。

★友だちと一緒に声優ゲームをやってみよう!

Let's Try! やってみよう!

　それぞれのキャラクターだったら、なんて言うだろうか?　あなたが体験した「誘う場面(または頼む場面)」を思い出して、4つのキャラクターになったつもりでセリフを書いて、声に出して演じてみよう!

☆体験した誘う(頼む)場面: [   ]

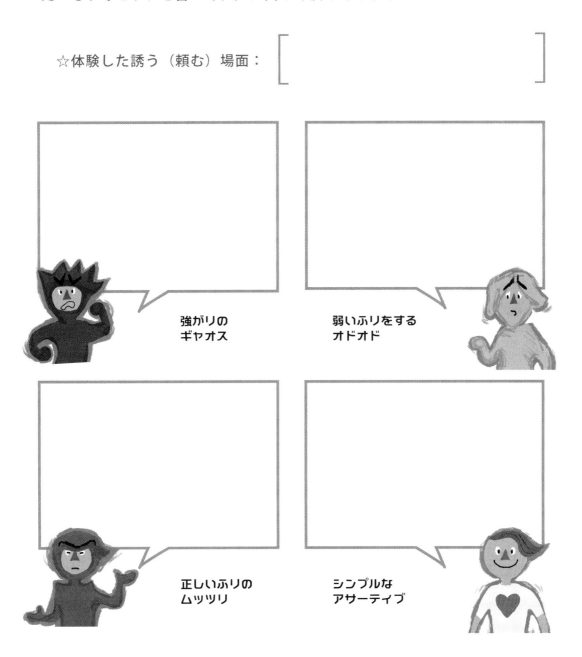

強がりの
ギャオス

弱いふりをする
オドオド

正しいふりの
ムッツリ

シンプルな
アサーティブ

あるある場面で声優ゲーム❷

　今度は、友だちからの誘いを「断るとき」の場面を想定してみよう。4つのキャラクターのセリフは、例えば下のような感じだ。

　まずはキャラクターになりきって、声に出して演じてみよう！

断るとき ［ ★例：誘いを断る場面 ］

> ダメ！ ダメ！
> そんなひまあるかよ！！

強がりの
ギャオス

> え〜、あ〜、
> う〜ん……、
> どうしようか……？

弱いふりをする
オドオド

> 明日、テストだよね。
> 大丈夫なのか？

正しいふりの
ムッツリ

> あ、今日はムリなんだ。
> ほかの日に、
> また誘ってね。

シンプルな
アサーティブ

　断ることは、無理せずくっつき過ぎず、ほどよい距離をとること。都合が悪く無理なのに、正直に伝えないと、相手の言いなりになったり、近づけなくなるでしょう。仲良くなることは、相手の思い通りになることじゃない。相手の気もちを確認したら、誠実に断ろう。

★友だちと一緒に声優ゲームをやってみよう！

Let's Try! やってみよう！

　それぞれのキャラクターだったら、なんて言うだろうか？　あなたが体験した「断った場面」を思い出して、4つのキャラクターになったつもりでセリフを書いて、声に出して演じてみよう！

☆体験した断った場面：

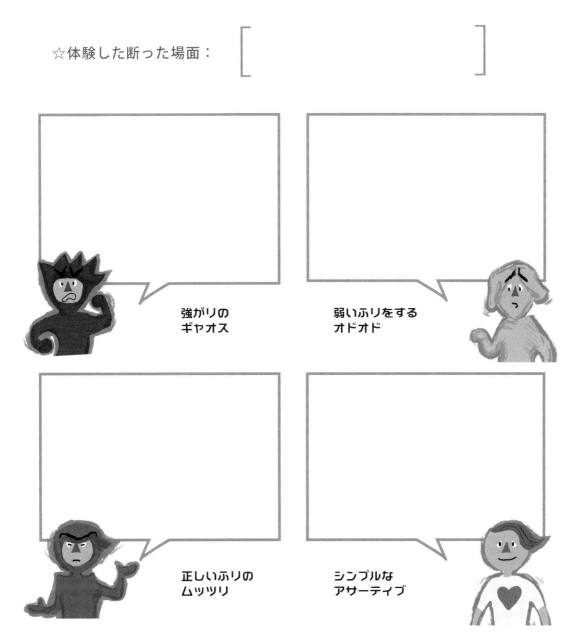

強ガリの
ギャオス

弱いふりをする
オドオド

正しいふりの
ムッツリ

シンプルな
アサーティブ

あるある場面で声優ゲーム❸

　自分の「思い通りじゃなかったとき」の場面を想定してみよう。4つのキャラクターのセリフは、例えば下のような感じだ。

　まずはキャラクターになりきって、声に出して演じてみよう！

思い通りじゃなかったとき

★例：友だちが待ち合わせに遅れた場面

　相手を責めたり、事実ではないことを言ったり、思ってもいないことを言ったりするとこじれるけれど、内側のこころの窓を開けて自分のありのままの感情を認めて、外側の窓も開けて伝えると、友だちもこころを開いて話しやすくなる。気もちのやりとりがしやすくなるよ。気もちのキャッチボールを楽しもう。

★友だちと一緒に声優ゲームをやってみよう！

Let's Try! やってみよう！

　それぞれのキャラクターだったら、なんて言うだろうか？　あなたが体験した「思い通りじゃなかった場面」を思い出して、4つのキャラクターになったつもりでセリフを書いて、声に出して演じてみよう！

☆体験した思い通り
じゃなかった場面：
[   ]

強がりの
ギャオス

弱いふりをする
オドオド

正しいふりの
ムッツリ

シンプルな
アサーティブ

あるある場面で声優ゲーム❹

　相手に「ポジティブな気もちを伝えるとき」の場面を想定してみよう。4つのキャラクターのセリフは、例えば下のような感じだ。

　まずはキャラクターになりきって、声に出して演じてみよう！

ポジティブな気もちを伝えるとき

★例：友だちが描いた絵をほめる場面

みんなより、絵はうまいじゃんか！

強がりのギャオス

わたしなんか、そんなに上手に描けないな〜。

弱いふりをするオドオド

みんなにほめられて、いいんじゃないの〜。

正しいふりのムッツリ

この色、あたたかくてわたしは好きだな。

シンプルなアサーティブ

　あなたがほめてもらうとしたら、どのセリフがうれしい？　比較されるより、感じたことをそのまま伝えてくれたらうれしいね。

　ほめることも、正しいとかまちがいとか、いいとか悪いとか、ジャッジするのではなく、感じたことを気もちの言葉で伝えるといいよ。

★友だちと一緒に声優ゲームをやってみよう！

Let's Try! やってみよう！

　それぞれのキャラクターだったら、なんて言うだろうか？　あなたが体験した「ポジティブな気もちを伝える場面」を思い出して、4つのキャラクターになったつもりでセリフを書いて、声に出して演じてみよう！

☆体験したポジティブな
気もちを伝える場面：　[　　　　　　　　　　　　　]

強がりの
ギャオス

弱いふりをする
オドオド

正しいふりの
ムッツリ

シンプルな
アサーティブ

あるある場面で声優ゲーム❺

GAME

今度は、相手に「ほめられたとき」の場面を想定してみよう。4つのキャラクターのセリフは、例えば下のような感じだ。

まずはキャラクターになりきって、声に出して演じてみよう！

ほめられたとき ［ ★例：友だちに絵をほめられた場面 ］

ダメダメ。
調子いいこと言って！

強がりの
ギャオス

そんなことないです。
わたしなんか、いつも
ぜんぜん、ダメです。

弱いふりをする
オドオド

自分では、
まあまあかな。
悪いけど。

正しいふりの
ムッツリ

サンキュ！
うれしい。
照れちゃうな。

シンプルな
アサーティブ

「あなたの絵、あったかいね。とても好きだ」そんなふうにほめてもらうと、こころがくすぐったくなって、シールドやウォールで跳ね返してしまうこともある。けれど、ギャオスになっても、オドオドになっても、ムッツリになっても、それに気がつけばいつでもアサーティブのステップでやり直せるよ。

★友だちと一緒に声優ゲームをやってみよう!

Let's Try! やってみよう!

　それぞれのキャラクターだったら、なんて言うだろうか?　あなたが体験した「ほめられた場面」を思い出して、4つのキャラクターになったつもりでセリフを書いて、声に出して演じてみよう!

☆体験したほめられた場面: [　　　　　　　　　　　　　　]

強ガリの
ギャオス

弱いふりをする
オドオド

正しいふりの
ムッツリ

シンプルな
アサーティブ

あるある場面で声優ゲーム❻

　最後は、自分が「落ち込んだとき」の場面を想定してみよう。4つのキャラクターのセリフは、例えば下のような感じだ。

　まずはキャラクターになりきって、声に出して演じてみよう！

落ち込んだとき ［ ★例：落ち込んだ場面（自分自身に向ける言葉）］

ああ！　もう、サイテーだ！
むしゃくしゃする！！
アイツのせいだ！

強がりの
ギャオス

自分はなにをやっても、
どうせ、
いつもこうだから。

弱いふりをする
オドオド

こんな自分、
みっともない。

正しいふりの
ムッツリ

悲しいな〜。疲れたな〜。
ひと休みして、また
新しいはじまり！

シンプルな
アサーティブ

　わたしたちはだれかとおしゃべりするように、自分といつもおしゃべりしている。ときどき、ギャオスやオドオドやムッツリが登場して、自分をいじめたり、責めたりすることもある。すると、こころは重く苦しくなる。そんなときには、自分の胸をやさしくなでてあげよう。息をゆっくり吐いて、自分の中にいるアサーティブを呼び覚まそう。

★友だちと一緒に声優ゲームをやってみよう！

Let's Try! やってみよう！

　それぞれのキャラクターだったら、なんて言うだろうか？　あなたが体験した「落ち込んだ場面」を思い出して、4つのキャラクターになったつもりでセリフを書いて、声に出して演じてみよう！

☆体験した落ち込んだ場面：[　　　　　　　　　　　　　　　]

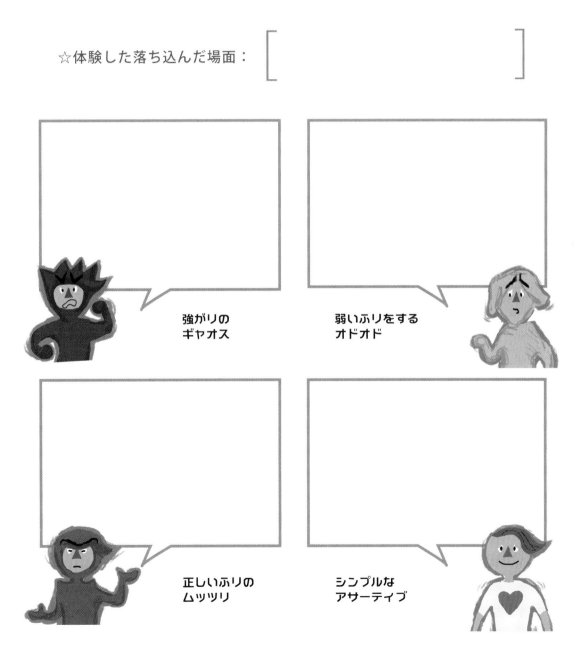

強がりの
ギャオス

弱いふりをする
オドオド

正しいふりの
ムッツリ

シンプルな
アサーティブ

ロールプレイ(役割演技)の効果

　以前、沖縄の各地の小学校、中学校を訪れたときのこと。先生と子どもたちがそれぞれの島の名産や名物を使って、4つの特大ペープサート(紙フィギュア)をつくって待っていてくれたことがある。学校ごとに、ピーマン、飛び魚、やぎ、カンムリワシ……オリジナルのキャラクターが生まれていて、そのご当地キャラクターで4つのステップをつくり、それを使って寸劇や声優ゲームをやった。郷土芸能が盛んな学校は振りもつけて、演じる人も観る人も教室の窓の外から参観した人も、その場で一緒に楽しく盛り上がった。

　北海道から沖縄まで各地を巡ると、いつも控えめな生徒がみずから手をあげて前に出てきたり、人前で演技をするなんて逃げ出してしまうはずと思われている生徒が、相手役となって好演してくれたりすることがあった。見ているクラスメイトは、毎日一緒にいる友だちの知らなかった一面を目の当たりにすることで、自分のことのように大喜びする。本人もだれかに指摘されるのではなく、知らぬ間に身につけていた自分の殻に気づき、そこからの解放感を味わうことになる。

　だれに言われるのでもない、どこかにセリフの書かれた台本があるわけでもないけれど、一人ひとりが自分の内から発する気もちの言葉をセリフにする演劇遊びは、年齢やさまざまなちがいを超えて、こころを自由の窓の状態にしてくれるものだ。知らぬ間にできあがっていた思い込みがハラリとほどけると、その場に新しい風と信頼の空気が吹き込む。

　子どもも大人も、普段はみんなに見せていない一面があって、それを表現

role play

したり、見てもらえたりすると、本人だけでなくだれもが安心してありのままの自分を表現できる場が生まれる。先生も子どもも家族も、みんなで一緒にお腹を抱えて笑い、こころから楽しめる教室には、心地よいコミュニケーションが生まれていた。その様子を「ここは天国に一番近い学校です」と言ったのは、離島の中学の教頭先生だった。

　ところで、あなたは小さい頃に自分以外の役割になりきって遊んだときのことを覚えているかな。自分以外のキャラになって、遊びの中で思いきりぶつかったり、戦ったり、泣きまねしたり、笑ったり、実はそうやって遊びの中からコミュニケーションを学んでいたんだよね。いくつになっても、コミュニケーションを学ぶには安心して試せる場でいろんな役割を演じてみるといい。ロール（role）「役割」とプレイ（play）「演じる」を組み合わせて、それは「ロールプレイ」(役割演技)といって、教育、医療、福祉、さまざまな仕事の大人の研修でも生かされている。

第4章のまとめ
アサーティブしようよ

気もちのリテラシー

♥最初からコミュニケーションが上手にとれる人がいるのではない。失敗したりまちがえたりしても、やってみることでできるようになる。

♥気もちの伝え方は、小さい頃からのまわりの人との関係の中で覚える。身につけたことには意味がある。

♥自分の中のギャオス、オドオド、ムッツリは生まれたときからいたわけではないけれど、それを認めれば、新しくアサーティブのステップを踏み出せる。

♥すぐにできなくても、できない自分を許してあげよう。やってみた自分の味方になろう。

♥いつもとちがうセリフを声に出して、ステキだなと思うフレーズをまねしてみよう。あなたの行動が、あなたを変える。

第5章

気もちの専門家になろう

あなたの気もちの専門家は " あなた自身 "

●わかっていても思うようにできないとき

　これまで第1章から気もちの付き合い方、気もちの伝え方を学んできたあなたは、今まで気づかなかったいろんな自分を発見したことでしょう。

　ところで最近、正直に気もちを伝えたいと思っても、うまく伝えられなかったことってなかったかな？

　家族や友だちに気もちを伝えた方がいいとわかっていても、思うようにできないことってあるよね。

　そんなときにはギャオスになったり、オドオドになったり、ムッツリになったり、着ぐるみをつけている自分に気づくでしょう。

　ギャオスのステップを使えば、「またやった」と落ち込む。

　オドオドのステップを使えば、「自分はダメだ」と責める。

　ムッツリのステップを使えば、いいか悪いかジャッジする。

　だけど、ギャオスやオドオドやムッツリは、自分そのものではないし、自分の性格でもなかったよね。

　そんな自分に気づいたときには、思うようにならない自分を許してね。そして、まずは自分と仲良くなろう。

感情　Feelings

●自分の中の親友を呼び出す

　自分と仲良くなるということは、嫌いな自分をなくすことではなくて、自分の好きなところに目を向けて、それを増やしていくことだ。

　安心できる場所はどこ？　好きなことはなに？　大切にしているものは？すぐに答えが出なくても、内側の窓を開けて自分と対話するとき、あなたは自分を大切にしている。

　そうして自分と仲良くなることで、外側の窓も開けやすくなる。

　自分と仲良くなることと、他人と仲良くなることは、とても似ているんだ。仲良くするということは、いつもぴったりくっついて、相手の思い通りになろうとすることではない。一緒にいるときもあれば、それぞれが別の友だちと過ごすときもある。もちろん、ひとりで過ごしたり、ひとりの時間を楽しんだりすることもある。

自己信頼　Self esteem

こころの窓は
内側を開けて自分と対話すると
外側も開けやすくなる

●バウンダリー／関わるための境界線

　自分と仲良くなると、自分の気もちと仲良くなれる。すると、自分自身とも相手とも、くっつき過ぎず離れ過ぎず、自由に出たり入ったり、人やモノやコトとのほどよい距離が生まれるんだ。

　相手とくっつき過ぎたり、離れ過ぎたりしたら、気もちのキャッチボールはできなくなるでしょう。

　どんなに親しい間からでも、いや、親しい間からこそ、「ほどよい距離」が必要で、その決め手となるのが感情だ。

「さびしいな、わたしも仲間に入れて」
「一緒にいると楽しい」
「今日は疲れたから、また明日」
「それはイヤだ、これはどう？」
「実は緊張してドキドキなんだ」
「こわいな、逃げよう」
「ただきいてくれるだけでうれしい、ありがとう」

　感情を認めて、アサーティブのステップで伝えよう。

アサーティブ　Assertive

　それは自分も相手も大切にする「バウンダリー」、関わるための境界線になっている。バウンダリーは空気のように、存在するときには意識しないけれど、バウンダリーがなくなると息苦しく感じる。

　ほどよい距離では近づいたり離れたり自由に動けるけれど、近づき過ぎたな、離れ過ぎたな、固まっちゃったな、息苦しいな、と感じたら、その違和感をスルーしないで認めよう。

　そして大きく息を吐いて、深呼吸して、内側の窓から自分の感情にフォーカスすると、それだけでもバウンダリーはよみがえる。

　もし伝えたいと思うなら、外側の窓から自分の気もちをアサーティブに表現できることを思い出そう。素直な気もちをアサーティブのステップで届けよう。ほどよい距離が生まれ、安心して関わることができるように。

境界線　Boundary

●自分を助けることからはじめよう

　こころの中の親友は、どんなときも自分と共にいる。しばらく忘れていたとしても、呼び出せばいつも大切に守りたいものを持ち続け、手放したいものは少しずつ手を放し、やり直す可能性を求めて、勇気とコミュニケーションで自分を助けようとする存在だ。

　こころの中の親友は、「気もちをだれかに話してみようか」と背中を押してくれるだろう。一度にすべてを話さなくても、少しずつ話していけばいい。メールや手紙で気もちを書くことも助けになる。

　自分からだれかに助けを求めたり、だれかの助けを得たりすることは、あなたを悩み上手にする。

　そうして自分の助け方を知ると、だれかを手助けすることもうまくなっていく。

　ひとりぼっちで悩んでいる人、暴力やプレッシャーにさらされて困っている人に耳を傾けたり、そばに歩み寄ったり、手を差し出したり、自分にできることで味方になろうとする人を「アライ (Ally)」という。

　アライは、ひとりでやろうとせず、自分もだれかの助けを得ようとする。

セルフヘルプ　Self help

アライ　Ally

Let's Try! やってみよう！

アライを探せ！

家族、そばにいる友だち、遠くの友だち、年上の人、年下の人……
見ず知らずの人だけど
なんでも話せる支援サービス……　ほっとする場……

助けを得られる 10 の場所（人）をリストアップしてみよう。

....

....

....

....

....

....

....

....

....

すぐに見つからなくてもあきらめずに探してみよう。
それをときどき見直してアップデートしよう。

●自分を助けて、助け合う世界をつくる

　自分の助け方を知り、バウンダリーを保つことで、困っているだれかを手助けすることができる。

　自分にできないことをできるだれかがいて、だれかにできないことをできる自分がいて、それぞれちがっていてみんな同じではないから、助け合う世界が生まれる。助け合う仲間も見つかる。

　困っているときに助け合えない世界では、だれもがひとりぼっちになるでしょう。すると、自分を傷つけたり相手を傷つけたり、傷つけ合う暴力のサイクルが回り出す。それは、こわい、いやだ、さびしい。

　だれかが困っているとき、だれかがひとりぼっちで傷つくときには、自分の親友を呼び出して、自分にできることを尋ねてみたり、だれかから助けを得た体験を思い起こしてみよう。それはだれかを手助けし、助け合う知恵となって、人から人へと伝わっていくだろう。

　助け合うことは、暴力のサイクルを断ち切って、安全な世界をつくり出していく道となる。

　おっと、忘れてはならない。こころの中の親友は、助けを受け取ることも得意だということを！

Self esteem, Boundary, Ally

Let's Try! やってみよう！

アライの練習帳

小さい頃を振り返って、思い出してみよう。

①あなたが困っていたときを思い出してみよう。
そのとき、助けてくれた人はいる？
その人は、どんな言葉や行動であなたを助けてくれた？
♡

②だれかが困っているときに、手助けしたことはある？
そのとき、あなたはどんな言葉や行動でその人を助けた？
♡

③ニュースやネット動画、コミックや本、ゲームの物語で、
だれかが手助けする場面を探してみよう。どんな言葉や行動
で助けているだろう？
♡

④助けるために必要なこと、できることはなんだろう？
（できればまわりの人の体験もきいて、できるだけ具体的に）
♡

●あなたの気もち、あなたの親友、あなたの味方

　あなたの気もちはこころの中の親友、どんなときもそばにいるアライだ。人、モノ、コトとほどよい距離をつくり、安心して暮らしていくことを応援してくれる。

きいて
自分の気もち、相手の気もちをきく
気もちを認めて受け入れて分かち合う

もとめて
新しいやり方ややり直す可能性を求める
自分ひとりでやらずに勇気を出して助けを求める

ちかづいて
それぞれの持ち味や考え方のちがいに関心を寄せる
ちがいを尊重して、折り合う

　思いがけない問題が起きるときには、その問題をきっかけに新しい道を開いていこう。
　問題を恵みに変えるために、この本もあなたのアライでありたい。
　どんなときも、あなたの気もちの専門家は " あなた自身 " だ。

第 5 章のまとめ

わたしはわたしの気もちの専門家

気もちのリテラシー

♥こころの中の親友は、自分を理解し味方する。自分のアライだ。

♥元気がなくなるときは、自分の好きなものや好きなところに目を向けて、こころの中の親友を呼び出そう。

♥自分と仲良くなることは、だれかと仲良くなることと似ている。

♥バウンダリー（境界線）は、人、モノ、コトとくっつき過ぎず、離れ過ぎず、ほどよい距離をつくる。

♥バウンダリーは関わるために欠かせない。相手との気もちのやりとりに必要な「ほどよいこころの距離」のこと。

♥自分のアライになると、自分を助けることができる。だれかに助けを求めたり、だれかを助けることができる。暴力のサイクルを断ち切り、安全な世界をつくる。

Certification

気もちのミカタ　認定証

_____

あなたは、この本を読むことで、気もちとの付き合い方、
気もちの種類、気もちの伝え方を学びました。

・どんなときも気もちを認めることからはじめられること
・気もちにはまちがいも正しいもないこと
・気もちは幸せになる道を応援してくれること
・気もちを伝えるダンスのステップは変えられること
・気もちを味方にすることで、自分とも人とも仲良くなれること
　　（あなたの発見があれば、下に書いてみましょう）
・
・
・
・

あなたは、自分の気もちのミカタを知っている
自分の気もちの専門家です。

MIKATA

Profile

八巻香織（やまき かおり）
特定非営利活動法人 TEENSPOST 代表理事。
世代をこえて共に生きるための心の手あて、感情リテラシー、アサーティブネス、非暴力、家族ケア、支援者のセルフケアをテーマにした学びのコーディネーター。著書に『気もちのリテラシー』『こじれない人間関係のレッスン』『こじれない NO の伝え方』『ひとりでできるこころの手あて［三訂版］』（ともに太郎次郎社エディタス）などがある。

● TEENSPOST
1992 年より、ティーンからシニアまで、すべての人のこころの健康と心地よいコミュニケーションを共につくる民間非営利事業。東京都町田市でセルフケアと学びの楽校「スタジオ悠」を運営するほか、10 代対象の思春期レター・メール相談や各地への出前研修を行う。最新情報はホームページをご覧ください。
https://teenspost.jp

ナムーラミチヨ
編集デザイナー、イラストレーター、絵本作家。絵本『だっだぁー』『だっころりん』（主婦の友社）、『ころころとんとん』『おばっけ〜』（フレーベル館）、『からだドックンドックン…』（赤ちゃんとママ社）のほか、『世界中の子どもの権利をまもる 30 の方法』（合同出版）など書籍のイラスト多数。主なアート作品『三橋敏雄俳句いろはカルタ』、ポエトリーブック・アート・シリーズ。NGO ノット・フォー・セール・ジャパン、NPO からだフシギなどボランティア活動も。書肆まひまひ株式会社代表。詳しくはウェブサイトに掲載。
https://shoshi-maimai.com

本文デザイン・装丁・組版　ナムーラミチヨ

気もちのミカタ
エモーショナル・リテラシーが身につく 35 のワーク

2024 年 5 月 30 日　第 1 刷発行

著　　　者　　八巻香織
イ ラ ス ト　　ナムーラミチヨ
発 行 者　　坂上美樹
発 行 所　　合同出版株式会社
　　　　　　　東京都小金井市関野町 1-6-10
　　　　　　　郵便番号　184-0001
　　　　　　　電話　042（401）2930
　　　　　　　振替　00180-9-65422
　　　　　　　ホームページ　https://www.godo-shuppan.co.jp

印刷・製本　　惠友印刷株式会社

■刊行図書リストを無料進呈いたします。
■落丁・乱丁の際はお取り換えいたします。

本書を無断で複写・転訳載することは、法律で認められている場合を除き、
著作権及び出版社の権利の侵害になりますので、その場合にはあらかじめ小
社宛てに許諾を求めてください。

ISBN978-4-7726-1556-3　NDC370　257 × 182
©YAMAKI Kaori, 2024